LA QUESTION

DE LA

SUPPRESSION DU SÉNAT

PAR

ADRIEN DUVAND

Directeur politique du *Petit Lyonnais*

LYON

CHEZ TOUS LES LIBRAIRES

—

1882

LA QUESTION

DE LA

SUPPRESSION DU SÉNAT

I

Il y a des gens pour qui la révision de la Constitution ne saurait signifier autre chose que la suppression pure et simple du Sénat. Les lois constitutionnelles ne sont pas parfaites, donc il faut les raser de fond en comble. C'est absolument comme si on démolissait une maison sous prétexte que les cheminées fument.

Nous ne pensons pas que les électeurs sénatoriaux qui procèderont, le 8 janvier prochain, au renouvellement du tiers sortant de la Chambre-Haute, aient une façon de concevoir les choses aussi radicale. L'exemple des peuples qui ont le bonheur de posséder des institutions libres et la sagesse de les conserver prouve que les Constitutions sont ce que les mœurs politiques les font. Certes, les Constitutions des Etats-Unis, de la Suisse, de l'Angleterre, de la Belgique, pays qui jouissent d'une liberté encore inconnue chez nous, contiennent plus d'un article dont ne voudraient pas, avec raison, nos intransigeants les plus modérés; on ne voit pas, cependant, que les Belges, les Anglais, les Suisses ou les Américains soient possédés, à un bien haut degré, de la manie révisionniste. C'est que chez eux les mœurs corrigent les lois et que la foi aux dogmes politiques est remplacée par un sens pratique très développé et un sentiment très vif de la liberté.

Chez nous, malheureusement, on croit avoir tout fait quand on a proclamé des principes et rédigé des programmes de réformes bourrés d'idées mal venues et d'aspirations vagues et confuses. On parle constamment de liberté, et ceux qui ont le plus souvent ce mot à la bouche ne perdent jamais l'occasion de montrer leur intolérance, leur exclusivisme, leur impatience de toute controverse. On a beaucoup usé, en ces derniers temps, du droit de réunion, par exemple. Mais de quelle façon l'a-t-on pratiqué? Les violences de langage, les injures, les accusations sans preuves, les extravagances, les sottises y ont à peu près seules obtenu du succès. Toute discussion calme et sérieuse eût été impossible dans la plupart des réunions qui se sont tenues, et il est rare qu'un orateur n'étant pas de l'avis de la majorité des assistants, ou plutôt des organisateurs de la réunion, ait pu s'y faire entendre.

Cette intolérance, cette partialité, ce défaut de

politesse civique, qui caractérisent les procédés d'une certaine école politique, disparaîtront-ils parce qu'on aura démoli la Constitution et supprimé le Sénat? Nous en doutons. Réformer les institutions est une bonne chose, réformer les mœurs politiques en serait une bien meilleure. Ce qu'il faudrait un peu réviser, en même temps que la Constitution, c'est notre tempérament et nos habitudes. Prenons aux Américains, aux Anglais et aux Suisses, leurs institutions libérales ; mais tâchons de leur prendre aussi en même temps leur méthode et leur sangfroid.

Il est incontestable qu'on ne bannira jamais complètement la passion des choses politiques. Elle est là trop bien chez elle. On tient plus, habituellement, à son opinion qu'à son intérêt, et, il ne faut pas l'oublier, très souvent les deux se confondent. Mais, pour rester énergiques et chaudes, les controverses politiques ne perdraient rien à être plus scientifiques et mieux dirigées.

Dans cette question de la révision de la Constitution et de la suppression du Sénat, par exemple, que trouvons-nous? Des injures à la Chambre-Haute, des énonciations dogmatiques sur la souveraineté du peuple, des pétitions de principe, mais des arguments tirés de l'expérience, des faits, de la logique historique, point. Il faut supprimer le Sénat, parce qu'il ne faut pas de Sénat, voilà tout ce que nous pouvons extraire de l'argumentation des révisionnistes-suppressionnistes. C'est peu, et les partisans du dogme de l'Immaculée-Concetption ou de l'infaillibilité papale nous paraissent à peu près aussi riches

en démonstrations. Nous croyons, nous, que l'institution des deux chambres se justifie complètement par
l'expérience du passé et par l'exemple des peuples
qui pratiquent le régime républicain. Nous avons vu
toutes les Chambres uniques finir par la dictature, et
nous avons vu très souvent le système des deux
Chambres sauver la liberté. Cela nous suffit pour
demander qu'on conserve le Sénat en lui donnant,
bien entendu, une origine électorale plus démocratique et plus large, et en délimitant plus étroitement
ses attributions.

Nous ne doutons pas que cette opinion soit celle des
électeurs sénatoriaux. C'est dans ces termes, d'ail-
leurs, que la question a été posée et résolue par le
pays aux élections générales des 21 août et 4 septem-
bre derniers.

II

Une réunion préparatoire à laquelle assistaient un
certain nombre d'électeurs sénatoriaux du Rhône, a eu
lieu le 18 décembre à Lyon, dans le grand amphi-
théâtre de la Faculté des sciences. Le lieu ne paraît pas
avoir eu une bien grande influence sur la clarté et la logique des délibérations de l'assemblée. C'est ainsi qu'on
a débuté par voter la suppression du Sénat, puis on a
continué ensuite par l'adoption de tout un programme
de réformes qu'on recommande aux méditations de la
Chambre-Haute. Le Sénat pourra répondre que si
les résolutions de la réunion du 18 deviennent une
réalité, dans l'ordre où elles ont été votées, il n'aura
plus à s'occuper des réformes indiquées aux articles 2
et suivants, puisqu'il sera mort dès l'article premier.
Mais laissons de côté ce que peut avoir de contradic-
toire le fait de demander la suppression d'une assemblée et de lui tracer, en même temps, un programme,

et venons à cette question de la suppression du Sénat qui paraît devoir être le gros cheval de bataille de messieurs les intransigeants du collège sénatorial du Rhône.

Les arguments invoqués contre l'institution du Sénat peuvent se réduire à trois :

1° Le Sénat, par son mode de recrutement, constitue une anomalie dans un pays où toutes les assemblées délibérantes tiennent leur mandat de suffrage universel ;

2° Le Sénat fait double emploi avec la Chambre des députés ;

3° Il est une cause de conflits.

Le premier de ces arguments doit être tout d'abord écarté. Il répond, en effet, à la question par la question. Comme tout le monde est d'accord pour donner au Sénat d'autres bases électorales, on ne peut raisonner d'après son mode de recrutement actuel. Il ne sera plus une anomalie le jour où on lui aura donné une origine plus démocratique. Dans tous les cas, le supprimer n'est pas précisément le moyen de le perfectionner.

Le second argument, malgré sa solidité apparente, n'est pas beaucoup plus sérieux que le premier. Le Sénat, dites-vous, fait double emploi avec la Chambre des députés. Eh oui, comme la cour d'appel fait double emploi avec le tribunal de première instance, comme la seconde lecture d'une loi fait double emploi avec la première. Mais, jusqu'au jour où on aura découvert que les hommes sont impeccables et infaillibles, on fera de ces doubles emplois-là. Pensez-vous

que la confection d'une loi soit chose si peu impor-
tante, si légère et si indifférente, qu'il ne faille
prendre aucune précaution pour que cette confection
ait lieu dans les meilleures conditions possibles ? On
se plaint, à chaque instant, de ce que certaines lois
sont mal faites. On critique tous les jours telles ou
telles parties de notre législation. Et pourtant la plupart de ces lois ont été l'objet de longues et minutieu-
ses études. Elles ont passé par plusieurs assemblées :
Chambre des députés, Chambre-Haute, conseil
d'Etat. Que sera-ce le jour où une Chambre unique
votera les lois sans appel, sans retouches possibles,
sous l'impulsion d'un mouvement plus ou moins ré-
fléchi, d'une poussée plus ou moins consciente de
l'opinion publique ? Vous verrez un peu ce que seront
et ce que vaudront ces lois. Mais consultez donc l'histoire, et vous verrez quelle influence néfaste y exer-
cent les lois hâtives et mal conformées, de combien
d'événements funestes elles ont été la cause et l'origine.

Non, le Sénat ne fait pas double emploi avec la
Chambre, il est le second rouage nécessaire de la ma-
chine, la deuxième et non la cinquième roue du char.

Le troisième argument est trop solidaire du second
pour qu'on puisse l'invoquer après les raisons que
nous venons de donner. Le Sénat n'est pas une cause
de conflits ; il est, comme nous venons de le dire, un
instrument de contrôle. Il y a sans doute quelque
chose à faire pour remédier au silence de la Constitution relativement à la procédure à suivre en cas de dé-
saccord entre les deux Chambres, mais c'est une clause

qui trouvera facilement sa place lors de la révision.

Les arguments qu'on invoque contre le Sénat ne sont point, on le voit, difficiles à réfuter. Si on recherche, au contraire, quelles garanties offre, au point de vue de la liberté, l'institution des deux Chambres, on arrive aisément à se convaincre que les partisans d'une Chambre unique sont des républicains bien imprudents.

III

Consultons l'histoire.

Quand les Chambres uniques ne sombrent pas dans la dictature, comme le Long Parlement ou l'Assemblée législative de 1851, elles aboutissent à des 9 Thermidor ou à des 24 mai ; elles engendrent un despote ou deviennent elles-mêmes tyranniques.

Louis Bonaparte et Cromwell d'un côté, la loi du 31 mai et le régime de l'ordre moral de l'autre, tels sont leurs résultats ordinaires.

On conviendra qu'il faut avoir un médiocre souci de l'expérience du passé pour préconiser une institution qui a de pareils états de service.

Nous savons qu'on nous oppose un argument tiré, lui aussi, de l'histoire. On nous dit : « Vous prétendez que le régime des deux Chambres est moins favorable que celui d'une Chambre unique aux surprises et aux coups d'Etat. Cependant, les deux Chambres de 1799 n'ont pas empêché le coup d'Etat du 18 Brumaire. » En vérité, nous sommes stupéfaits de trouver un tel raisonnement dans la bouche d'hommes qui prétendent à quelque éducation politique, et affirment volontiers avoir lu l'histoire. Comment, vous établissez une assimilation quelconque entre le mécanisme de la Constitution de l'an III et celui de la Constitution actuelle? Mais vous n'oubliez qu'une toute petite chose, c'est que le pouvoir exécutif, au lieu d'être confié comme aujourd'hui à un président unique, était alors aux mains de cinq directeurs, et que ce furent précisément les rivalités et les divisions de ces cinq directeurs qui, habilement exploitées, rendirent possible l'usurpation de Bonaparte.

Si l'on tient compte, à côté de cela, de la prodigieuse situation faite à Bonaparte par les événements, de l'incapacité et des fautes du Directoire, de l'absence totale de mœurs politiques, de l'inexpérience profonde de la liberté, de la force des éléments réactionnaires, on reconnaîtra aisément qu'il n'est pas d'analogie possible entre les circonstances dans lesquelles se produisit l'événement en question et un état de choses ordinaire et normal.

Et, non seulement cette analogie n'est pas possible, mais on peut dire que l'argument de nos contradicteurs se retourne contre eux. Les conditions dans lesquelles la Constitution de l'an III a fonctionné, ne permettent pas, premièrement de porter un jugement complet sur sa valeur; ensuite, cette Constitution, dont l'essai a été si peu loyal, fut l'œuvre de la Con-

vention elle-même. Oui, messieurs les révolution-
naires du collège sénatorial du Rhône, il faut en
prendre votre parti : la Convention est contre vous.
La Convention était d'avis qu'un gouvernement
républicain doit comporter deux Chambres; elle
avait introduit cette clause dans la Constitution
qu'elle légua à la France en se séparant. Et malgré
votre objection, malgré le 18 Brumaire, nous esti-
mons, et avec nous la plupart de ceux qui se sont
occupés des conditions de fonctionnement du gouvernement représentatif, qu'elle avait absolument
raison.

IV

Un exemple éclatant des inconvénients et des
dangers d'une Chambre unique nous est fourni par
ce qui s'est passé, il y a quelques années seulement,
alors que l'Assemblée nationale du 8 février siégeait
à Versailles.

Il n'est pas téméraire d'affirmer que le pays, en
nommant cette Assemblée « dans un jour de malheur »,
n'avait pas entendu lui donner un mandat de cinq
années. Bien que cette réserve n'ait pas été nettement
formulée, dans la précipitation d'élections faites en
présence de l'ennemi, il paraissait implicitement
convenu que sa mission se bornerait à résoudre la
question de paix ou de guerre. Cependant la nouvelle
Assemblée, le traité de paix signé, ne se sépara pas ;
non seulement elle fit la sourde oreille aux réclama-
tions de l'opinion publique, non seulement elle ne tint

aucun compte du terrible avertissement de l'insurrec-
tion parisienne, mais elle se proclama souveraine et
se déclara constituante. Ni les énergiques protesta-
tions du suffrage universel qui, à chaque élection
partielle, demandait la dissolution, ni le pétitionne-
ment organisé dans le même but sur tous les points
de la France, ne purent ébranler sa résolution.
Devançant un mot qui devait devenir célèbre : « Elle
y était, elle y resta. »

Nous ne rappellerons pas ici tous les incidents de
cette lutte mémorable entre une Assemblée résolue à
s'éterniser et le pays dépourvu de tout moyen légal
pour triompher de cette résistance. Ces incidents
sont présents à toutes les mémoires. Les lois restric-
tives de la liberté de la presse, la suppression des
franchises municipales de Lyon, le coup d'Etat
parlementaire du 24 mai, les intrigues de la fusion, le
vote du septennat, ces entreprises incessantes contre
les droits de la nation, ces menaces ouvertes de res-
tauration monarchique, ces craintes de guerre civile
sans cesse renouvelées, ces anxiétés et ces émotions
renaissant chaque matin, tout cela c'est l'histoire
d'hier, encore vivante et brûlante. Tout le monde
s'en souvient. Inutile, par conséquent, d'insister.
Mais si nous évoquons ces souvenirs pénibles, c'est
qu'ils contiennent un enseignement plein d'actualité.
C'était une chambre unique que l'Assemblée de Versailles, et c'est parce qu'elle était une Chambre
unique qu'elle devint ainsi usurpatrice et tyrannique.
Sans contrôle, sans frein, sans contrepoids, elle glissa,
par une pente logique, jusqu'au despotisme. Elle

consentit à résigner ses pouvoirs au bout de cinq ans, mais elle pourrait durer encore. Personne n'avait le droit de la dissoudre et de mettre le moindre obstacle à ses volontés.

Les adversaires de l'institution des deux Chambres trouvent-t-ils que cet exemple, si récent, soit bien en faveur de leur thèse ? Ne pensent-ils pas que la République a été gravement menacée par l'Assemblée unique qui a siégé de 1871 à 1876 ? Que leur en semble ? Estiment-ils toujours qu'ils sont bien prudents en demandant le retour d'un état de choses qui a donné de si beaux résultats ?

Si l'exemple de la Chambre unique de Versailles ne leur suffit pas, qu'ils demandent aux survivants de la Révolution de Février ce que la théorie qu'ils préconisent a fait de la République de 1848. Vit-on jamais Chambre plus réactionnaire que l'Assemblée législative qui siégea pendant les années 1849, 1850, 1851 ? Elle fit l'expédition de Rome et la loi Falloux, elle mutila le suffrage universel, elle laissa faire le Deux-Décembre.

C'était encore une Chambre unique, celle-là !

Les républicains, heureusement peu nombreux, qui demandent la suppression du Sénat, ont véritablement la mémoire bien courte. Trois années seulement nous séparent de la période du 16 mai et déjà ils ont oublié le rôle si utile que joua le Sénat à cette époque. Le Sénat, qu'ils repoussent, qui les horripile, dont ils ne veulent à aucun prix, a tout simplement sauvé la République.

Si le lendemain du 16 mai, alors que le maréchal

Mac-Mahon avait remplacé le ministère Jules Simon par le ministère de Broglie-Fourtou et prorogé la Chambre pour un mois, les républicains n'avaient pas eu la tribune du Sénat pour faire entendre leur voix au pays, protester contre ce qui venait de ce passer et rallier l'opinion publique surprise et déconcertée, que serait-il advenu ?

Si, pendant la période de compression et de terreur qui précéda les élections du 14 octobre, les sénateurs républicains, conservant leur mandat, leur liberté d'action, leur inviolabilité, n'avaient pu se concerter, se réunir, former le fameux comité de la rue Louis-le-Grand, donner le mot d'ordre électoral à la France, que serait-il arrivé ?

La Chambre n'existait plus, les députés n'existaient plus, mais les sénateurs restaient et la minorité républicaine du Sénat put, au milieu du silence de la représentation nationale démembrée, faire entendre sa voix.

Est-ce trop dire que d'affirmer que le Sénat, en cette occasion, contribua au salut de la République ?

Nous ne le pensons pas.

Encore une fois, nous insistons auprès des républicains qui ont enfourché cette malencontreuse théorie de la suppression du Sénat. Elle est fausse, radicalement fausse. L'idée d'une Chambre unique est une idée dangereuse. Qu'ils l'abandonnent au plus vite dans l'intérêt de la République et de la liberté.

Nous appuyant sur l'histoire, sur le bon sens, sur la logique, sur l'exemple de tous les peuples en possession de la liberté, nous nous prononçons énergiquement en faveur de l'institution des deux Chambres. Cette institution nous paraît absolument liée à l'avenir du régime républicain. Une Chambre unique ce serait à brève échéance, la mort de la liberté. Elle tendrait irrésistiblement à la dictature; or, nous ne voulons pas plus de la dictature d'un homme que de celle d'une assemblée. L'une serait aussi funeste que l'autre à la République.

5672. — Imp. du *Petit Lyonnais*, 34, rue Thomassin, Lyon.